GÄSTEBUCH FÜR:

D1674412

....

Ihr Lieben,

GEBT FEIN ACHT, WIR HABEN EUCH WAS MITGEBRACHT:

NEIN, IHR DÜRFT ES NICHT BEHALTEN, IHR SOLLT ES NUR FÜR UNS GESTALTEN.

UND DARUM SOLLT IHR EUCH NICHT ZIEREN, UND ETWAS NETTES FORMULIEREN.

DOCH MACHT EUCH BITTE NICHT ZU BREIT, ES FEHLT NOCH EINE KLEINIGKEIT.

EIN FOTO WIRD VON EUCH GEMACHT, WAS NEBEN EUREM SPRUCH DANN LACHT.

DAMIT WIR DANN, IN VIELEN JAHREN, NOCH WISSEN, WER DIE GÄSTE WAREN!

Vielen Dank!

Schön, dass ihr da seid!

better notes

© Better Notes · Kochhannstr. 30 · 10249 Berlin · info@betternotes.de · www.betternotes.de

Autor und Umschlaggestaltung: Ilya Malyanov / ilyamalyanov.com

NAME:

....

DIE BESTEN GLÜCKWÜNSCHE:

....
....
....
....
....
....
....
....

Das schönste Foto:

Name:

....

Die besten Glückwünsche:

....
....
....
....
....
....
....
....
....

Das schönste Foto:

NAME:

....

DIE BESTEN GLÜCKWÜNSCHE:

....

....

....

....

....

....

....

....

....

Das schönste Foto:

NAME:

....

DIE BESTEN GLÜCKWÜNSCHE:

....
....
....
....
....
....
....
....
....

Das schönste Foto:

NAME:

....

DIE BESTEN GLÜCKWÜNSCHE:

....
....
....
....
....
....
....
....
....

Das schönste Foto:

NAME:

....

DIE BESTEN GLÜCKWÜNSCHE:

Das schönste Foto:

Name:

....

Die besten Glückwünsche:

Das schönste Foto:

Name:

....

Die besten Glückwünsche:

....
....
....
....
....
....
....
....
....

Das schönste Foto:

NAME:

....

DIE BESTEN GLÜCKWÜNSCHE:

....

....

....

....

....

....

....

....

....

Das schönste Foto:

Name:

....

Die besten Glückwünsche:

Das schönste Foto:

NAME:

....

DIE BESTEN GLÜCKWÜNSCHE:

....

....

....

....

....

....

....

....

....

Das schönste Foto:

Name:

....

Die besten Glückwünsche:

....

....

....

....

....

....

....

....

....

Das schönste Foto:

NAME:

....

DIE BESTEN GLÜCKWÜNSCHE:

Das schönste Foto:

NAME:

....

DIE BESTEN GLÜCKWÜNSCHE:

Das schönste Foto:

Name:

....

Die besten Glückwünsche:

Das schönste Foto:

Name:

....

Die besten Glückwünsche:

....
....
....
....
....
....
....
....
....

Das schönste Foto:

NAME:

....

DIE BESTEN GLÜCKWÜNSCHE:

....
....
....
....
....
....
....
....

DAS SCHÖNSTE FOTO:

NAME:

....

DIE BESTEN GLÜCKWÜNSCHE:

....
....
....
....
....
....
....
....
....

Das schönste Foto:

NAME:

....

DIE BESTEN GLÜCKWÜNSCHE:

....
....
....
....
....
....
....
....
....

Das schönste Foto:

NAME:

....

DIE BESTEN GLÜCKWÜNSCHE:

....
....
....
....
....
....
....
....
....

Das schönste Foto:

NAME:

....

DIE BESTEN GLÜCKWÜNSCHE:

....

....

....

....

....

....

....

....

....

Das schönste Foto:

Name:

....

Die besten Glückwünsche:

....
....
....
....
....
....
....
....
....

Das schönste Foto:

Name:

....

Die besten Glückwünsche:

....
....
....
....
....
....
....
....
....
....

Das schönste Foto:

NAME:

....

DIE BESTEN GLÜCKWÜNSCHE:

....

....

....

....

....

....

....

....

....

Das schönste Foto:

NAME:

....

DIE BESTEN GLÜCKWÜNSCHE:

....
....
....
....
....
....
....
....
....

Das schönste Foto:

NAME:

....

DIE BESTEN GLÜCKWÜNSCHE:

Das schönste Foto:

Name:

....

Die besten Glückwünsche:

....
....
....
....
....
....
....
....
....

Das schönste Foto:

Name:

....

Die besten Glückwünsche:

....

....

....

....

....

....

....

....

....

Das schönste Foto:

NAME:

....

DIE BESTEN GLÜCKWÜNSCHE:

....
....
....
....
....
....
....
....
....

Das schönste Foto:

NAME:

....

DIE BESTEN GLÜCKWÜNSCHE:

....

....

....

....

....

....

....

....

....

Das schönste Foto:

NAME:

....

DIE BESTEN GLÜCKWÜNSCHE:

....
....
....
....
....
....
....
....
....
....

Das schönste Foto:

NAME:

....

DIE BESTEN GLÜCKWÜNSCHE:

....
....
....
....
....
....
....
....
....
....

Das schönste Foto:

Name:

....

Die besten Glückwünsche:

....

....

....

....

....

....

....

....

....

....

Das schönste Foto:

Name:

....

Die besten Glückwünsche:

....
....
....
....
....
....
....
....
....

Das schönste Foto:

Name:

....

Die besten Glückwünsche:

....
....
....
....
....
....
....
....
....

Das schönste Foto:

Name:

....

Die besten Glückwünsche:

....
....
....
....
....
....
....
....

Das schönste Foto:

NAME:

....

DIE BESTEN GLÜCKWÜNSCHE:

....
....
....
....
....
....
....
....
....

Das schönste Foto:

NAME:

....

DIE BESTEN GLÜCKWÜNSCHE:

....
....
....
....
....
....
....
....
....

Das schönste Foto:

Name:

....

Die besten Glückwünsche:

....
....
....
....
....
....
....
....
....

Das schönste Foto:

NAME:

....

DIE BESTEN GLÜCKWÜNSCHE:

....
....
....
....
....
....
....
....
....

Das schönste Foto:

Name:

....

Die besten Glückwünsche:

....
....
....
....
....
....
....
....
....

Printed in Poland
by Amazon Fulfillment
Poland Sp. z o.o., Wrocław